Comprendre le monde

Delphine Horvilleur

Comprendre le monde

Petite conférence

bayard

18, rue Barbès, 92128 Montrouge Cedex (France)
ISBN : 978-2-2274-9799-3

Entre 1929 et 1932, Walter Benjamin rédigea pour la radio allemande des émissions destinées à la jeunesse. Récits, causeries, conférences, elles ont été réunies plus tard sous le titre de Lumières pour enfants.

Gilberte Tsaï a décidé de reprendre ce titre pour désigner les « petites conférences » qu'elle organise chaque saison et qui s'adressent aux enfants (à partir de dix ans) comme à ceux qui les accompagnent. À chaque fois, il n'est question que d'éclairer, d'éveiller. Ulysse, la nuit étoilée, les dieux, les mots, les images, la guerre, Galilée… les thèmes n'ont pas de limites mais il y a une règle du jeu, qui est que les orateurs s'adressent effectivement aux enfants, et qu'ils le fassent hors des sentiers battus, dans un mouvement d'amitié traversant les générations.

Comme l'expérience a pris, l'idée est venue tout naturellement de transformer ces aventures orales en petits livres. Telle est la raison d'être de cette collection.

« Il était une fois » : vous avez remarqué, presque toutes les histoires, tous les contes et toutes les légendes de notre enfance commencent par ces mots. Cette formule est tellement célèbre que plus personne ne l'interroge ni n'essaie de comprendre ce qu'elle veut dire exactement. Elle est devenue une convention, comme les trois coups au théâtre ou le fait de dire « allô » quand nous décrochons le téléphone. J'ai décidé aujourd'hui de commencer par un « il était une fois » car nous sommes réunis pour essayer de comprendre le monde et je voudrais interroger la façon dont nous racontons le monde. C'est à cela que servent les histoires, les récits que nous racontons aux enfants pour qu'ils les racontent à leurs propres enfants. Nous cherchons à dire quelque chose qui leur offrira des clés pour comprendre le monde, pour transmettre des histoires, un univers et une culture à ceux qui viendront ensuite.

Mais pourquoi dire « il était une fois » ? Nous devrions dire « il fut une fois » ou « il arriva une fois ». Les récits, les contes et les légendes emploient généralement le passé simple, un temps peu utilisé dans la vie de tous les jours. Mais dans ces histoires nous lisons par exemple : « Il arriva que Boucle d'Or se perdit dans la forêt ». Ce temps est parfait pour raconter un événement inattendu qui arrive tout à coup. « Il était une fois » n'est pas du passé simple mais de l'imparfait, un temps que nous utilisons en général pour raconter quelque chose qui arrive avec une certaine régularité, qui se produit ou qui s'est très souvent produit. Si je vous dis que quand j'étais petite je jouais à la poupée, je mangeais de la soupe et j'obéissais toujours à mes parents, je vous suggère que cela se produisait souvent et que ce n'était pas exceptionnel. Pourquoi raconter une histoire inédite, une légende particulière, quelque chose qui s'est produit une seule fois comme le loup qui mange le petit chaperon rouge par exemple ou le prince qui tue le dragon, avec un temps qui suggère que cela n'a pas eu lieu une seule fois ? Volontairement, je ne réponds pas à cette question. Non seulement parce que je suis rabbin et que, cela est bien connu, les rabbins ne répondent jamais vraiment à une question ou bien par une autre question. Pourquoi ? Pourquoi pas. Surtout, je ne réponds pas à cette question du « il était une fois » car, pour y répondre, il me faut faire un petit détour par un texte sacré. Je ne vais pas faire un détour par la bible, les évangiles ou le coran, ce serait trop simple. Je vais plutôt faire un détour par un autre texte que vous connaissez tous, ou presque, et que certains considèrent comme le texte le plus sacré de leur vie : le prologue de *Star Wars*. Ce « il était une fois » est un des plus célèbres de l'histoire du cinéma. Chaque épisode de *Star Wars* commence par un long texte qui défile et qui nous hypnotise car, pour être honnête, je n'ai jamais vraiment compris ce qui était écrit. Mais la description parle toujours au spectateur comme s'il savait précisément ce dont il est question, comme si nous connaissions cet univers de science-fiction. « Poursuivie par les sbires de l'Empire, la princesse Leia rejoint la base mystérieuse dans son vaisseau cosmique ». Personne n'y comprend rien. Qui sont les sbires de l'Empire et que serait un vaisseau qui n'est pas cosmique ? Mais nous sommes immédiatement traités comme des initiés, des familiers, des spécialistes d'un univers totalement inconnu. Et nous faisons tous comme si nous savions exactement où l'histoire se passe, quand elle se déroule, dans quelle galaxie. Alors que la vraie familiarité, la seule, celle qui construit l'émotion et qui la porte à son comble dès le début du film, c'est la musique un peu guerrière et héroïque qui nous propulse dans le monde de la force combattante contre l'Empire du mal.

Là, tout est dit. Une phrase très célèbre ouvre donc ces épisodes de *Star Wars* : « Il y a bien longtemps, dans une galaxie lointaine, très lointaine ». Cette phrase est le vrai « il était une fois » de *Star Wars*, le moment qui énonce de façon très subtile que cette histoire se passe il y a très longtemps. C'est un récit du passé mais qui vous raconte une histoire de vaisseaux cosmiques, d'armes de destruction massive, de technologie hyper moderne. Il repose sur un paradoxe. L'histoire vous parle du futur tout en vous faisant croire qu'elle vous parle du passé. Elle prétend vous parler de quelque chose de révolu mais personne n'est dupe, c'est de demain et non d'hier qu'il est question. Il en va de *Star Wars* comme de tous les récits et de toutes les légendes de notre enfance. Elles font souvent semblant de parler au passé simple pour dire un passé qui n'est pas si simple, qui est même très compliqué. Elles disent au passé ce qui n'est pas passé, ce qui résonne au présent et elles disent peut-être quelque chose de l'avenir à la nouvelle génération qui pourra s'en emparer. Voilà pourquoi « il était une fois » est toujours un verbe à l'imparfait. L'expression ne parle en aucune manière d'un événement qui a eu lieu une fois pour toutes. Il s'agit toujours d'une histoire qui s'est suffisamment répétée pour qu'elle soit encore pertinente aujourd'hui. Ce passé n'est pas révolu. « Il était une fois » veut en fait dire : il est et il sera encore bien des fois.

Ces récits servent en principe à comprendre le monde. Ils disent à la nouvelle génération que ce qui a eu lieu n'appartient pas au passé mais doit trouver moyen de se conjuguer dans notre existence actuelle et peut-être même demain. Cette conscience de l'ambiguïté temporelle du récit, de sa capacité à faire dialoguer les temps, parle à tous ceux qui écrivent des histoires, aux conteurs, aux réalisateurs, aux écrivains. Elle est aussi très chère aux gens qui font le même métier que moi, aux rabbins, mais sans doute aussi aux prêtres et aux imams, à tous ceux qui aiment les récits et les histoires.

J'aimerais vous dire un mot de ce que font les rabbins. Beaucoup de gens ignorent ce que font les rabbins, les prêtres et les imams… quand ils ne regardent pas *Star Wars*. Ils se posent des questions comme le font les conteurs, les réalisateurs, les auteurs. Des questions comme : à quoi servent les histoires, comment se transmettent-elles, pourquoi se transmettent-elles et comment peuvent-elles peut-être nous aider à comprendre le monde ? Cette capacité du « il était une fois » à raconter au passé quelque chose du présent est au cœur de très nombreux récits religieux. Pour ce qui est de la tradition juive – mais ce constat pourrait s'extrapoler à d'autres traditions religieuses monothéistes –, ce jeu de navigation entre les temps relève presque d'une obsession. Je vous en donne un exemple très concret. La bible raconte qu'il y a très longtemps les Hébreux étaient esclaves en

Égypte. Elle parle d'un événement du passé qui constitue un souvenir collectif pour tout le groupe. Cette histoire a été racontée dans des dizaines de livres, dans des films hollywoodiens et des dessins animés, par exemple *Le prince d'Égypte*. Ces films et dessins animés revisitent et réinterprètent un récit célèbre de la bible où en bien des occasions il est dit : « Souviens-toi que tu as été esclave en Égypte ». Cette phrase de la bible est en quelque sorte une transposition du « il y a bien longtemps dans une galaxie lointaine » de *Star Wars*, sauf que dans la bible il est écrit : « Il y a bien longtemps, dans une Égypte pharaonique, était asservi le peuple hébreu ». le texte raconte ensuite comment ce peuple fut un jour libéré dans une temporalité très construite en donnant mille détails qui jalonnent la description de l'événement : voici ce qui est arrivé le premier jour, le premier mois, la première année, le lendemain, la veille du départ, voici comment des plaies se sont abattues sur l'Égypte. Finalement, la mer rouge s'ouvre et les Hébreux peuvent se mettre en route vers la liberté.

Il s'agit d'un passé lointain collectif, un peu comme une mythologie que nous nous transmettons, pourtant cette légende est aussi racontée comme un événement presque présent, un événement personnel qui nous serait arrivé. Figurez-vous que chaque année, le soir de la fête de Pâques, les juifs ont l'habitude de se réunir en famille, de s'asseoir autour d'une table et de se raconter à nouveau l'épisode de la sortie d'Égypte. Ils pourraient regarder le film de Walt Disney mais ils se racontent cette histoire du passé lointain, celle de leurs ancêtres et, au moment précis où ils s'apprêtent à raconter cette histoire, ils disent la chose suivante : « À chaque génération, chacun doit se percevoir comme s'il était lui-même sorti d'Égypte ». La particularité de cette histoire du passé, c'est qu'elle n'est pas du passé. Ce passé ne passe pas et cette histoire n'est plus linéaire. Ce n'est pas une histoire collective et lointaine mais proche et personnelle. Je dois me souvenir, en ce jour, comment je suis sortie d'Égypte. Dès lors, je dois m'interroger très concrètement. Quelle est mon Égypte, où est-elle ? Qu'est-ce qui dans ma vie fait parfois de moi une esclave et qui est mon pharaon ? Est-ce mon professeur principal, ma mère, ma belle-mère, ma console de jeux ? Quelles sont les plaies qui vont s'abattre sur mon monde et me permettre de sortir de cet esclavage personnel ? Quelle est ma terre promise ? Est-elle loin de chez mes parents, est-elle cachée dans un univers à la *Minecraft*, dans Fortnite ou ailleurs ?

Ce récit religieux remplit une fonction narrative dont le rôle fait écho à celui des contes. Il s'agit là de jongler entre des temps et de faire mentir un temps linéaire. Je te dis ce qu'il s'est passé pour mieux te dire ce qu'il se passe. Il était une fois quelque chose qui sera encore de nombreuses fois. Surgit alors la question qui préoccupe beaucoup de religieux lorsqu'ils lisent ces textes. Certains disent que le conte ne raconte pas la vérité, contrairement à l'histoire religieuse qui ne peut pas être une fiction, car nos ancêtres sont vraiment sortis d'Égypte même si la science ne permet pas nécessairement de le prouver. En vérité, nous ne savons ni quand ni comment les Hébreux sont sortis d'Égypte. Mais je n'ai pas besoin d'en avoir la démonstration scientifique ou la preuve historique pour être convaincu de quelque chose. Ces récits n'ont pas besoin de dire la réalité pour peut-être dire la vérité. De fait, ils partagent ce point avec bien des contes : ne pas dire la réalité ne signifie pas nécessairement qu'on ne dit pas la vérité. Quelque chose de la sortie d'Égypte dit la vérité de nos esclavages, quels qu'ils soient, et surtout de la façon dont chaque génération peut traduire cette histoire et sa mise en route vers la liberté. C'est là que le mot de « génération » devient critique. Comment faire pour qu'un texte transmis, hérité, celui de la bible ou celui de *Star Wars*, soit pertinent pour les oreilles et les esprits de ceux qui s'en emparent. Comment s'assurer que ces textes nous parlent encore dans un contexte complètement inédit ? Comment faire pour que ces textes restent inouïs, c'est-à-dire jamais entendus de cette manière ? C'est ainsi que se définit un texte sacré. Tous les textes ne sont pas sacrés mais un texte l'est s'il n'a pas fini de parler pour un groupe qui continue de le lire. Si un texte a déjà tout dit, si nous lui avons tout fait dire ou si quelqu'un vous dit comment le lire, le comprendre, l'interpréter, alors sommes-nous bien sûrs que ce texte est encore sacré ? Un texte n'est peut-être sacré qu'à condition que nous n'ayons pas fini de le comprendre. C'est ce rapport que les juifs entretiennent avec la Torah, ou que bien d'autres traditions religieuses entretiennent envers leurs écrits, leurs textes fondateurs. Ces textes peuvent encore parler à ceux qui croient que tout n'a pas été dit et que les nouvelles générations ont un trésor à y traquer qu'elles seules peuvent y trouver.

J'aimerais vous parler d'un autre « il était une fois », d'un « il était une fois » politique.

On dit souvent que les rabbins, les prêtres ou les imams ne devraient pas parler de politique. Notre république laïque s'est construite sur une séparation entre l'Église et l'État, entre le pouvoir des autorités religieuses et celui de la nation, de ses institutions. Avec votre autorisation, j'aimerais bien vous en parler autrement. Après tout, nous sommes dans une année où le monde a traversé beaucoup d'échéances électorales. Il y a quelques mois, en Angleterre, un vote a donné lieu à ce qu'on a appelé le Brexit, le choix de sortir du projet européen. Aux États-Unis nous avons été témoins de l'élection d'un nouveau président américain et nous avons vécu en France une élection présidentielle. Quiconque pour comprendre le monde s'intéresse aux mots, au langage, aux récits, aux légendes, aux textes, doit aussi s'intéresser au langage utilisé par les candidats et les partis pour exprimer leur vision du monde. En lisant les slogans de ceux qui ont eu le vent en poupe ou qui ont remporté des élections j'ai été frappée et troublée par les mots qu'ils avaient choisis. Aux États-Unis le slogan de la campagne de Donald Trump était affiché sur de très nombreuses casquettes rouges : « Make America Great Again ». Que l'Amérique retrouve sa grandeur, sa force. En Angleterre, pendant la campagne du Brexit, les partisans de ce Brexit avaient choisi un slogan surprenant : « Take Back Control ». Reprenez le contrôle. Ces slogans parlent de quelque chose que l'Amérique ou l'Angleterre aurait eu puis perdu. Ces deux slogans parlent du bon vieux temps, de la nostalgie d'un monde révolu ou d'une gloire passée que l'on aspirerait à retrouver. Nous ne savons pas à quoi ces deux slogans font exactement référence. De quelle Amérique forte est-il exactement question ? De quelle époque ? À quel contrôle, à quelle Angleterre est-il fait référence ? Nous n'en savons rien. Mais ces deux slogans jouent sur un ressenti particulier, la nostalgie d'un temps ancien qui pousse certains à dire que c'était mieux avant, même si nous ne savons pas avant quoi. Cette tendance est présente dans de très nombreux discours politiques mais aussi dans des discours religieux, en particulier les discours de ceux que l'on appelle des fondamentalistes ou des extrémistes. À leur manière, ils disent souvent que les choses étaient mieux avant, quand les prophètes étaient là, quand il y avait un temple, quand le chef de famille décidait pour tout le monde, quand nous n'avions pas été contaminés par l'occident, l'étranger, l'individualisme, le féminisme. Je suis sûre que, d'une façon ou d'une autre, vous connaissez les échos de ce discours. Peu importe que nous ne sachions pas à quelle époque et à quelle qualité de vie ces nostalgies font référence, il s'agit toujours de se raconter l'histoire comme si elle n'était qu'en déclin. Dès lors, il est important de se demander pourquoi ces discours résonnent avec autant de force aujourd'hui, pourquoi ils ont tellement le vent en poupe. Pourquoi certains s'y reconnaissent-ils, pourquoi ont-ils envie d'entendre ces discours et de voter pour eux ? Il est extrêmement difficile de répondre à ces questions. Certains sociologues et philosophes disent que le monde a peut-être changé trop vite. La vitesse de changement est peut-être trop rapide avec des avancées technologiques incroyables qui bouleversent nos modes de vie. Tous ces changements rapides auraient créé chez certains une angoisse particulière, comme une perte de contrôle, la peur que tout aille trop vite, la nostalgie d'un temps où nous avions plus de temps. Il faut bien l'admettre, aujourd'hui les choses changent très vite. Quand je regarde l'écran de mon smartphone je suis fascinée de voir qu'en permanence, ou presque, un petit bouton clignote, un petit dessin qui représente une sorte de boîte dans laquelle est plantée une flèche en dessous de laquelle il est écrit : « mise à jour ». Mon téléphone ou mon ordinateur réclament sans cesse de mettre à jour telle ou telle application, telle ou telle fonction, comme si tout était un peu périmé. À peine avez-vous acheté un objet ou une technologie qu'ils deviennent déjà un ancien modèle. Peu importe à quelle vitesse vous changez, vous êtes toujours déjà un peu has been, ringard. Il faut bien admettre que cela devient vexant. Je suis sûre que dans cette salle des gens dont je fais partie ont connu un monde qui est totalement inconnu aux plus jeunes. J'ai récemment fait le test avec mes enfants en leur montrant l'image d'un cadran de téléphone. Mon fils de onze ans a tout de suite compris qu'il s'agissait d'un cadran de téléphone mais ses sœurs, plus jeunes, n'ont pas compris. Ils sont restés dubitatifs quand je leur ai demandé comment, d'après eux, on pouvait composer un numéro sur ce téléphone. Imaginez-vous, chers enfants, qu'à l'époque il fallait tourner un par un chaque numéro de façon circulaire. Et si vous ratiez le virage en composant un des chiffres, alors il fallait raccrocher et recommencer au début. Je sais que cela ressemble à de la science-fiction mais, il y a très longtemps, « il était une fois » dans une galaxie pas si lointaine, c'est ainsi qu'on téléphonait. Beaucoup d'objets racontent à notre génération puis à la vôtre à quel point le monde a changé. En venant ici je pensais à un exemple tout bête. Pour enregistrer un document, la plupart des ordinateurs vous proposent d'appuyer sur l'image d'une disquette. Mais qui parmi les plus jeunes a jamais vu une disquette ? Ces exemples de signes d'accélération technologique avec laquelle nous devons vivre sont très nombreux. D'où la mode actuelle de ce qu'on appelle le vintage, tous ces magasins de vêtements ou d'objets qui ne vendent que des produits des années 1970, 1980 ou éventuellement 1990 et qui vous parlent d'un temps que les moins de vingt ans ne peuvent pas connaître. Et pour vous en parler j'utilise les paroles d'une chanson que les moins de quarante ans ne connaissent pas. À sa manière, ce vintage nous parle de la nostalgie.

Est-ce mal d'être nostalgique ? Non, pas nécessairement, mais à certaines conditions. Il faut distinguer deux types de nostalgie.

Un type de nostalgie dit que rien ne va plus, que tout était mieux avant et qu'il faut absolument revenir au passé. Une autre nostalgie dit quelque chose de différent, une nostalgie vintage qui murmure qu'elle se souvient de ce qui était avant, qu'elle a besoin de s'en souvenir et de vous raconter cet avant pour que vous perceviez comment nous sommes arrivés là, comment ce monde que vous connaissez a été rendu possible. Les cadrans de téléphone n'étaient pas mieux hier, mais se souvenir d'eux permet parfois de savoir un peu mieux comment est né ce drôle d'outil technologique que nous avons entre les mains car il se crée alors un lien entre le monde d'hier et celui d'aujourd'hui.

C'est là que nous pouvons espérer commencer à répondre à la question que nous nous posons : comment comprendre le monde ? La question n'a aucun sens si nous n'admettons pas que le monde a changé. Sinon ce serait simple. Si le monde d'hier était comme le monde d'aujourd'hui, le comprendre reviendrait à donner à la nouvelle génération le même mode d'emploi. Or le problème de la compréhension du monde est celui de son changement, de sa nouveauté, de son accélération. Le comprendre implique de reconnaître que, si changeant qu'il soit, il est impossible de le comprendre si nous ne pensons pas les liens entre les temps de notre histoire, entre les générations qui se transmettent ce monde en héritage. Les récits, les légendes, les contes, les mythologies, les textes religieux ont mille choses à nous raconter. Ils cherchent continuellement à établir du lien entre les générations, à nous dire que la nouvelle génération n'est pas la copie conforme de l'ancienne et que le monde a bel et bien besoin d'une mise à jour que vous seuls pouvez effectuer. Mais vous ne pouvez pas le faire si vous ne disposez pas des clés que ces textes peuvent vous offrir. Dans la bible, tous les héros ou presque se mettent à un moment donné en route. Ils quittent la maison où ils sont nés pour entreprendre un grand voyage, comme le font Abraham, Isaac, Jacob, Moïse et beaucoup d'autres. Tous nous racontent l'histoire d'un départ. Dans la mythologie également, Ulysse, Jason et tant d'autres s'illustrent par leur capacité à se mettre en route, à mettre à jour leur histoire dans un mouvement. Ils ne peuvent le faire que parce qu'ils sont les héritiers de quelque chose, parce qu'ils savent suffisamment d'où ils viennent pour pouvoir engager sereinement ce voyage. Laissez-moi vous donner un exemple tiré de ma tradition religieuse mais que nous pourrions extrapoler ou penser dans toutes les traditions religieuses. Dans la tradition juive il existe un geste ancestral réalisé de siècle en siècle qui est transmis presque comme un secret de génération en génération : la bénédiction. Dans de très nombreuses familles juives, de temps à autre, les parents ou les grands-parents font venir les enfants ou les petits enfants auprès d'eux et ils placent les mains sur la tête de la nouvelle génération pour la bénir. Concrètement, ils prient pour que cette génération réussisse, pour qu'elle soit protégée dans tout ce qu'elle entreprendra. Ce geste est étonnant. Pour bénir un enfant, on appose les mains sur sa tête en faisant comme si on le plantait à nos côtés. Nous pourrions nous imaginer que ce geste impose une place à nos côtés, mais pas du tout. Par ce geste nous lui disons exactement l'inverse, nous mimons et nous racontons à un enfant la chose suivante : sache que tu es suffisamment héritier de notre monde, que tu es suffisamment chargé des trésors que tes parents t'ont transmis, que tu portes le poids de ce qui t'a été donné grâce auquel tu pourras aller ailleurs, traverser les océans, explorer le monde, entreprendre un voyage. La meilleure image est celle d'un bateau, par exemple celui de Peter Pan qui vole dans les airs. Mais dans la vraie vie aucun bateau ne vole, les bateaux flottent sur l'eau parce qu'ils portent du lest dans leur cale, quelque chose qui pèse suffisamment lourd afin que le navire ne coule pas. Paradoxalement, c'est parce qu'un bateau est chargé de quelque chose qu'il peut naviguer. Personne ne peut naviguer à bord du bateau de Peter Pan. D'ailleurs Peter Pan ne peut pas grandir, il n'a pas d'ancrage, de lest, il n'a pas de parents et n'a hérité de rien. Voilà pourquoi il vole. Dans la vraie vie, la meilleure chose qui puisse vous arriver n'est jamais de vous envoler mais de flotter, de voyager loin grâce à ce qui vous a été transmis.

Vos parents et vos grands-parents, vos éducateurs, vos professeurs, tous ceux qui vous racontent des histoires au sens noble du terme ont comme ambition de vous alourdir. C'est pour cela que parfois vous vous dites que vos parents sont « lourds ». Ils doivent, de fait, vous charger d'une certaine vision du monde. Leur monde n'est pas exactement le vôtre parce qu'entre eux et vous quelque chose a changé et ce quelque chose mute de plus en plus vite. La seule solution pourtant, pour comprendre le monde en changement, consiste à tisser des liens entre ce qui a été et ce qui pourrait être, entre ceux qui ont été et ceux qui pourront être, des liens entre des temps et entre des gens. Nous ne pouvons comprendre le monde que si nous chérissons ces continuités, ces connexions entre ce qui s'est passé et ce qu'il se passe entre les uns et les autres. Vous me répondrez que pour vous ceci est facile puisque vous connaissez un outil parfait qui crée du lien, qui met tout le monde en contact et dont les vieux ne disposaient pas : internet. Je vous répondrais que c'est vrai et faux en même temps et j'aimerais amorcer une conclusion à partir de ce paradoxe.

Les réseaux sociaux et internet ont bel et bien comme ambition affichée de créer du réseau, de mettre les gens en relation les uns avec les autres, de relier les êtres et les informations, mais ce à quoi nous assistons aujourd'hui est un peu différent. Nous constatons de plus en plus souvent sur les réseaux sociaux, Facebook, Twitter, Instagram, que chacun d'entre nous est en lien avec lui-même ou avec des gens qui lui ressemblent, qui ont son âge, qui pensent comme lui, qui votent comme lui, qui fréquentent le même monde, le même jeu, qui lisent les mêmes journaux ou consultent les mêmes informations. Nous sommes face à un paradoxe : le réseau social ne nous met en réseau qu'avec nous-mêmes ou des gens qui sont comme nous. Au lieu de renforcer les liens nous finissons étrangement par les affaiblir. Certains supports comme Twitter ont la particularité de faire croire aux gens qu'ils se connectent mais en réalité nous publions un statut comme nous énoncerions une affirmation brute. Nous écrivons une vérité en moins de cent quarante signes qui ne supporte pas de vraie contradiction et sans établir un véritable dialogue avec le monde. S'il pleut dehors, vous pouvez très bien écrire comme statut sur Twitter : « Aujourd'hui il fait beau ». Votre déclaration n'invite pas à un dialogue particulier, et vous pouvez même évincer de votre liste d'amis tous ceux qui diraient qu'il pleut dehors. Les réseaux sociaux qui devraient permettre un dialogue sont de plus en plus souvent des lieux où les gens monologuent. Ce qui devrait créer des liens renforce parfois la solitude. Tel est peut-être l'enjeu de votre génération qui grandit avec ce mode de communication inédit : de penser et repenser autrement les réseaux, de les raconter autrement. Les histoires et les récits que nous nous transmettons entre générations ont toujours eu pour but de créer des réseaux, du lien entre ceux qui partagent cette culture ou ce texte. Grâce à ces histoires les êtres sont tous « textés » les uns avec les autres, c'est-à-dire reliés, connectés à une même bibliothèque où les lecteurs n'ont pas besoin de comprendre les textes de la même manière pour les avoir en partage. Comme dirait le plus grand éducateur de tous les temps : « Comprendre le monde tu pourras ». Maintenant vous savez pourquoi Yoda parle à l'envers. Parce que les meilleurs professeurs vous confient un trésor sous la forme d'un puzzle : à chacun de remettre les pièces dans l'ordre qui lui semble être le bon, car vous seuls pouvez reconstruire le sens de la phrase et le sens du monde, afin qu'il soit pertinent pour vous et votre génération. Que la force soit avec vous.

Cette petite conférence
a été prononcée le 29 mars 2017
au Nouveau Théâtre de Montreuil

Questions/Réponses

Delphine Horvilleur : J'ai une question d'ancienne génération par rapport à tout ce que j'ai entendu car je n'ai pas encore de petits enfants. Est-ce qu'aujourd'hui, même s'il existe internet, on lit encore aux enfants des histoires qui commencent par « il était une fois » ? Cela va-t-il continuer et comment ces histoires rentrent-elles en collusion avec internet ?

Enfants : Oui !

Delphine Horvilleur : Je crois que chaque génération raconte les mêmes histoires. Ce sont d'ailleurs souvent des histoires de danger, des histoires violentes, terribles. Si ces histoires étaient portées à l'écran au cinéma, elles seraient interdites aux moins de douze ans ou seize ans. On considère pourtant que raconter des histoires qui comportent beaucoup de violence est encore important, que cela permet d'un peu mieux faire face à la violence dont nous sommes témoins. Selon de nombreuses personnes, les contes remplissent cette fonction. Les gens viennent souvent me dire que la bible contient des histoires terribles et me demandent s'il ne serait pas possible de s'en débarrasser. Nous lisons effectivement dans la bible des histoires de violence, de meurtres. Si nous retirons de la bible tout ce qui pose problème il ne restera pas grand-chose car beaucoup d'histoires posent problème. Comme dans les contes, ces histoires servent à nous préparer à la vie. Elles ne nous demandent pas de les imiter mais elles nous disent ce qui peut arriver, ce à quoi nous pouvons être confrontés et comment apprendre à faire face de façon responsable à ces situations, comment faire pour que cela n'arrive pas.

Le « il était une fois » dit aussi « pourvu qu'il n'en soit plus ainsi », et pas seulement « il en sera encore ainsi ». C'est une vaste question.

Pourquoi Louis de Funès s'appelle-t-il Rabbi Jacob dans le film alors qu'on vous appelle rabbin ?

Delphine Horvilleur : Il existe beaucoup de mots pour dire rabbin. En hébreu rabbin désigne simplement quelqu'un à qui on reconnaît une certaine érudition. Certains disent rabbi, rabbin, rabbine pour les femmes. Rabbi est le nom hébreu pour dire rabbin. Ta question pointe la force du langage, de la manière dont on appelle les gens. On me demande très souvent si je veux être appelée rabbin ou rabbine. C'est une vraie question. Pour une femme faut-il dire rabbin ou rabbine ? Logiquement nous devrions dire rabbine. En même temps, comme pendant des centaines d'années il n'a pas existé de femme rabbin, les gens pensaient qu'une rabbine était la femme d'un rabbin. De la même manière, pendant longtemps il n'a existé que des ambassadeurs hommes et quand on disait ambassadrice on parlait de l'épouse de l'ambassadeur. Pour ne pas créer de confusion, pour affirmer qu'aujourd'hui des femmes peuvent être rabbin et pas seulement épouse de rabbin, on utilise encore le nom de la fonction au masculin. Mais peut-être cela changera-t-il. La question s'est aussi posée quand Anne Hidalgo a été nommée maire de Paris. Allait-elle dire le maire, la maire, la mairesse ? Pendant longtemps aucune femme n'a exercé ces fonctions, si bien que ce changement pose une question de langage. Que faudrait-il dire d'après vous ? Pensez-vous qu'il faut féminiser tous les titres ? Par exemple faut-il dire une écrivaine, une auteure ?

Merci beaucoup pour cette très belle conférence. Vous avez établi une différence entre réalité et vérité qui est très actuelle, à la fois en politique et dans les nouvelles

technologies. Pourriez-vous revenir sur cette distinction ?

D H : Cette différence n'est pas évidente à saisir car nous avons tendance à penser que ces deux choses sont synonymes. Je disais tout à l'heure que bien souvent nos textes religieux sont là pour raconter une vérité qui transcende un temps, qui a toujours été vraie, qui a toujours parlé au cœur de l'humain : la mise en route, la volonté de se libérer, la volonté de ne pas être esclave de quelque chose. Ce sont des vérités. Pour autant il faut faire attention quand certains sous-entendent que ce sont des réalités au sens historique. Nous sommes aujourd'hui confrontés à ce problème avec un discours religieux qui lit les textes en pensant que, sous prétexte que c'est écrit, cela s'est forcément passé ainsi. Ces gens disent que comme la bible ne parle pas de dinosaure, alors les dinosaures n'ont pas existé. Ils sont persuadés que ce qui est écrit dit la réalité. Il me semble important d'établir une distinction entre la vérité, ce qui peut nous parler, ce qui continue de parler, et la réalité historique ou scientifique. Cette distinction est d'autant plus importante aujourd'hui que le discours politique parle en permanence de vérité, de contrevérité, de fake news, de fausses nouvelles. Nous entendons beaucoup qu'il est possible de détourner la réalité au nom de ce qui serait soi-disant une vérité suprême. On dit toujours que le religieux ne doit pas empiéter sur le politique mais certains politiques empiètent sur un discours religieux en parlant d'absolu, de vérités transcendantes au nom desquelles ils seraient prêts à totalement piétiner la réalité des faits. Donald Trump utilise beaucoup Twitter et j'avais préparé pour vous un faux tweet. Il existe sur internet un site où vous pouvez taper n'importe quel message pour qu'il apparaisse comme un tweet de Donald Trump. J'avais proposé cette phrase : « Eh vous, la petite conférence ne l'écoutez pas, elle ne dit que des bêtises ». Donald Trump adore ponctuer toutes ses prises de parole par « Sad ». Que démontre ce faux tweet ? En réalité nous pouvons faire tout et n'importe quoi sur internet, mais nous pouvons surtout facilement faire croire aux gens quelque chose qui est complètement faux. Si je mets maintenant ce post sur mon compte Facebook, je parie que plein de gens penseront que Donald Trump l'a écrit. Pendant que j'officiais à la synagogue j'ai récemment publié un faux tweet de Donald Trump sur mon compte Twitter qui disait : « Désolé je ne pourrai pas venir à l'office ce soir à 18 h 45 ». J'ai reçu des messages de gens qui me disaient : « C'est fou que Donald Trump t'écrive ! ». Les gens croient. Il faut en être conscient car il existe aujourd'hui une confusion forte entre vérité et mensonge, réalité et fiction. Le message politique est parfois tellement troublant ou troublé que certains finissent par trouver probable quelque chose de totalement improbable. Beaucoup de gens s'imaginent que ce qui apparaît à l'écran est vrai. Il faut donc être extrêmement vigilant. L'éducation nationale devrait faire entrer dans les programmes des cours pour apprendre à naviguer dans ces réseaux en se posant toujours la question de la réalité, de la vérité, du mensonge, de vérifier ses sources, de savoir qui dit, pourquoi il le dit et quel intérêt il a à le dire. Ce type d'intelligence permet de recréer du lien. Toute cette conférence portait sur le lien, comment recréer du lien entre le passé et le futur, entre les générations qui nous ont menés là et les nouvelles générations, entre les uns et les autres. En se posant la question du lien nous devons aussi nous poser celle de la confiance. Nous ne pouvons tisser des liens que si nous restaurons une certaine confiance. Or ce discours abusif ne permet de restaurer la confiance. Nous ne pouvons plus avoir confiance, si bien que chacun se replie dans sa solitude. Il est important de le contrer où que nous soyons, au niveau de l'éducation à la maison, à l'école, au niveau du discours politique et du discours religieux qui porte une responsabilité majeure.

Vous avez dit qu'il existe trois femmes rabbins en France[1]. Qui sont-elles ?

D H : La première femme rabbin en France s'appelle Pauline Bebe, elle est rabbin depuis vingt ans et a fait ses études en Angleterre. Une autre femme rabbin s'appelle Floriane Chinsky. Elle travaille avec moi et a été rabbin en Belgique avant de venir en France. Nous avons comme point commun d'avoir fait nos études à l'étranger. Plusieurs autres sont en formation actuellement. J'ai étudié dans un séminaire rabbinique à New York, une de mes collègues a étudié en Israël et l'autre en Angleterre. Pourquoi ? Parce qu'en France il n'existe pas d'école qui permette aux femmes de devenir rabbin, il faut donc partir à l'étranger pour étudier dans un autre séminaire. Cela est le cas dans toutes les autres religions qui ont encore

1. Depuis que cette conférence a été donnée, une quatrième femme rabbin a été ordonnée en France : Daniela Touati. Elle officie à la synagogue Keven Or, à Lyon.

bien souvent en commun ce qu'on pourrait définir comme un problème avec le féminin, avec les femmes auxquelles on ne laisse pas la possibilité d'accéder à des fonctions de direction comme être prêtre, imam ou rabbin. Il faut souvent aller ailleurs dans des pays où la question est un peu plus avancée. Aux États-Unis, par exemple, beaucoup de femmes sont pasteurs ou rabbins, ce qui a eu une influence générale sur celles qui souhaitent le devenir. En France les gens ne savent même pas que cela est possible. Il n'existe pour l'instant pas de femme prêtre ni de femme imam. Il en existe quelques unes aux États-Unis et en Europe mais pas en France. Nous sommes dans un pays où les voix des religions restent très conservatrices. Il est intéressant de se demander pourquoi. Il existe des raisons historiques, peut-être aussi psychologiques, sociologiques. J'espère en tout cas que ce phénomène minoritaire sera appelé à se développer.

Pourquoi avez-vous voulu devenir rabbin et quand ?

D H : Il est très difficile de répondre à cette question car vous verrez que dans la vie il n'est pas toujours évident d'expliquer pourquoi nous sommes devenus ce que nous sommes. Nous pouvons répondre que nous avons suivi telle ou telle étude ou que nous avons rencontré telle ou telle personne. Mais quelque chose nous échappe toujours et nous ne savons jamais vraiment expliquer pourquoi nous en sommes arrivés là. Mon parcours a été rempli de virages, j'ai fait médecine et ensuite pendant longtemps j'ai été journaliste mais je me suis toujours intéressée au texte. Même toute petite j'étais passionnée par le texte, les histoires, les récits, les légendes. J'aurais pu devenir conteuse, raconter des histoires, écrire des livres, mais je m'intéressais beaucoup à l'idée que les textes religieux ont toujours quelque chose à raconter. Je me disais qu'ils devaient pouvoir parler autrement à ma génération. Je dois avouer que quand j'allais dans les synagogues ou quand je poussais la porte des églises, le discours me semblait souvent décalé par rapport à mes valeurs, à ce que mes parents m'enseignaient ou ce que j'apprenais à l'école. Par exemple, j'avais beaucoup de mal à comprendre pourquoi l'égalité entre les garçons et les filles était une évidence pour mes parents et à l'école alors qu'elle n'était pas reflétée dans la synagogue où j'allais ou dans les lieux de prière où je pouvais me rendre. J'ai commencé à me poser beaucoup de questions. Plus je m'interrogeais, plus je réfléchissais au sein de ma tradition et dans le texte, et moins cela me devenait compréhensible. À force de toquer à de nombreuses portes, de questionner la tradition, d'étudier, un jour quelqu'un m'a dit que si ce questionnement prenait autant de place dans ma vie je devrais peut-être envisager de devenir rabbin. Comme je n'avais pas connu de femme rabbin, cette possibilité me paraissait tellement inenvisageable qu'il m'a fallu un long moment et de nombreux détours pour être capable de l'accepter. Je raconte souvent une histoire qui a beaucoup compté pour moi étant enfant. Quand j'étais adolescente, j'avais décidé de devenir médecin. Je suis allée voir mon grand-père, il m'a demandé ce que je voulais faire plus tard et quand je lui ai répondu que je voulais devenir médecin il m'a alors dit : « Ah bon. C'est bizarre j'aurais imaginé quelque chose d'autre pour toi ». Mais il n'a jamais voulu me dire quoi. À l'époque je lui en ai voulu, je ne comprenais pas pourquoi il ne me félicitait pas de mon choix, pourquoi il introduisait en moi un doute en ne me disant pas ce qu'il avait imaginé pour moi. Il m'a fallu des années pour comprendre à quel point cette phrase avait été une vraie bénédiction, la chose la plus extraordinaire qu'on m'ait jamais dite. J'ai ensuite connu beaucoup de moments où je ne savais pas exactement où aller, je voulais changer de métier, de pays et cette petite phrase de mon grand-père me disait : « J'aurais imaginé quelque chose d'autre pour toi ». Le fait qu'il ait un jour imaginé quelque chose d'autre pour moi me permettait d'imaginer quelque chose d'autre pour moi. Grâce à cette phrase j'ai été capable d'imaginer que je n'étais pas obligée d'aller là où d'autres étaient déjà allés car il existe pour moi un autre lieu. J'ai pu inventer autre chose, tracer un chemin que pour l'instant personne n'avait suivi. Je pense que dans la vie il faut toujours trouver un moyen de se permettre ces sorties de route, de se dire que tout nous poussait à aller là mais qu'il existe pour nous d'autres chemins et que rien ne nous empêche de nous aventurer ailleurs. Je vous souhaite d'entendre tout au long de votre vie des petites phrases qui vous permettront d'aller ailleurs.

Mais est-ce que les parents peuvent comprendre les enfants ?

D H : Jamais complètement. La force du lien entre les générations, si tout se passe bien, c'est que la génération suivante grandit dans un monde qui n'est jamais vraiment le même monde que celui de la génération précédente. Cette dernière est là pour donner des clés, pour dire d'où nous venons et ce qu'elle transmet mais elle doit toujours avoir conscience qu'elle ne comprend pas complètement le monde de la génération suivante. Un élément de langage lui échappe toujours, quelque chose qu'elle ne pourra pas saisir et tant mieux. Pourtant l'enjeu est quand même de garder le lien. Je parlais tout à l'heure de la fête de Pâques. Outre le fait que le soir de la Pâques juive nous racontons la sortie d'Égypte, nous faisons aussi quelque chose d'étrange. Nous sommes assis autour d'une table et nous racontons tous les ans la même histoire qui dit que nous nous souvenons d'une histoire où quatre enfants sont autour de la table, un fils qu'on appelle un fils rebelle, un fils qu'on appelle un fils sage, un fils qu'on appelle un fils naïf et un fils qu'on appelle un fils qui ne sait pas poser de question. Tous les ans, alors que nous sommes tous réunis autour de la table, nous lisons ensemble cette histoire qui nous dit que nous avons tous dans notre famille, et peut-être dans nos histoires personnelles, des moments où nous avons été chacun de ces quatre enfants. Par moments nous avons le sentiment d'être le fils sage que nos parents comprennent très bien car nous sommes le Schtroumpf à lunettes de la famille auquel tout le monde fait confiance. À d'autres moments, au contraire, nous sommes le fils rebelle et nous avons le sentiment que nos parents ne comprennent rien à rien. Cette histoire raconte surtout que les quatre fils doivent être assis autour de la table. Quoi qu'il arrive, tout en reconnaissant que nous comprenons bien certains de nos enfants alors que nous ne comprenons plus les autres, il faut tout faire dans la mesure du possible pour que tout le monde reste autour de la table, ait son mot à dire et puisse participer à la conversation sacrée qui doit s'opérer entre les générations au sein d'une famille. Mais ce n'est pas toujours facile à faire.

Et les filles !

D H : Nous en revenons au problème de tout à l'heure. Bien entendu, la lecture contemporaine de cette histoire consiste à accepter que ces enfants ne sont pas que des fils, qu'ils sont aussi des filles mais ces textes sont incontestablement chargés de patriarcat et de misogynie, c'est-à-dire qu'ils mettent à distance les femmes et le féminin. Une fois que vous le savez, deux solutions s'offrent à vous. Soit vous estimez que ces textes et ces héritages religieux sont misogynes et que vous ne voulez rien avoir à faire avec eux. Soit vous reconnaissez cet héritage et vous pensez que la question est de savoir ce que vous allez en faire. Cette question rejoint celle du début de la conférence : faut-il encore raconter des « il était une fois » à nos enfants ? Si vous faites attention aux contes de Perrault, ils sont remplis d'éléments problématiques par rapport à notre sensibilité moderne. Tous les contes présentent le féminin sous les traits de princesses enfermées dans leur château qui attendent désespérément que le prince vienne les chercher. S'imaginer que le féminin est entièrement affaire d'intériorité et de pudeur n'est pas la meilleure image à transmettre aux petites filles et aux petits garçons. Nous pouvons penser que ces contes sont tellement misogynes et ringards que nous ne voulons pas que nos enfants y soient exposés. Ou bien nous acceptons que ces contes reflètent des temps et des héritages passés et nous nous demandons ce que nous allons faire avec eux, comment nous allons les raconter, comment nous allons offrir à nos enfants un regard critique sur leur histoire et le poids qu'ils portent sur leurs épaules. Que vont-ils faire de ce lest dont je parlais tout à l'heure ? Ce poids va-t-il les clouer au sol ou, au contraire, va-t-il leur permettre, parce que nos enfants disposent d'une capacité d'analyse, de naviguer loin et ailleurs ?

Est-ce que tout le monde accepte que vous soyez une femme rabbin ?

D H : Eh bien non. La question du féminin et de la place des femmes reste un gros problème dans les religions. Au sein de ma tradition religieuse il existe des personnes pour qui ce n'est pas envisageable, pour qui occuper cette fonction n'est pas le rôle d'une femme. Ils considèrent bien souvent qu'une femme, si elle devient rabbin, sera moins présente auprès de son mari, de ses enfants, que ce n'est pas son rôle, que cela devrait être réservé aux hommes. Certains n'ont pas envie d'envisager cette possibilité ou pensent que la religion est comme un musée. Ces gens disent que la société a changé, que les femmes peuvent désormais être chirurgien, mécanicien, tout ce qu'elles veulent, mais que dans un lieu de culte rien ne doit changer, tout doit rester comme dans un musée à visiter derrière une glace, comme un monde ancien qui n'aurait pas été touché par les valeurs de la modernité. Ce discours me semble toujours étrange à entendre car, à mon sens, si la pensée religieuse n'est pas capable d'entrer en dialogue avec le monde, la situation inédite qui est la nôtre, la modernité, alors elle n'a pas vraiment de pertinence. La pensée religieuse ne doit pas être comme un musée. Pour être vivante, il faut pouvoir la manipuler, qu'elle reste pertinente pour un temps nouveau et donc constamment dépoussiérée. Mais tu as raison, certaines personnes ne sont pas prêtes à l'envisager, et cela vaut dans toutes les traditions religieuses. Il faut sans doute aussi respecter cette diversité. Accepter des voix différentes au sein d'une tradition fait partie d'un exercice de tolérance religieuse mais cette tolérance n'est pas exprimée partout et cela déclenche même des résistances extrêmement fortes.

Est-il possible d'oublier le passé, ce qu'il y avait avant ?

D H : Il existe des gens qui oublient le passé. Certaines maladies font oublier le passé. Dans ces pathologies comme la maladie d'Alzheimer les gens oublient souvent le passé immédiat. Ils ne se souviennent pas où ils étaient cinq minutes avant mais ils se souviennent très bien de qui était leur maîtresse en CP. Ils se souviennent d'événements très anciens mais pas du passé récent. Nous pouvons donc vivre en oubliant un peu mais il est très difficile de vivre en oubliant ses origines, l'enfance. Car dans la vie nous éprouvons un besoin viscéral d'avoir un certain souvenir de ce qui nous a été donné enfant même si nous le réinterprétons en permanence. Pour pouvoir vivre et continuer à vivre, il faut trouver l'équilibre entre la mémoire et l'oubli. Nous ne pouvons pas vivre si nous nous souvenons de tout car cela reviendrait à vouloir reproduire à l'identique, ne rien changer. En même temps, nous ne pouvons pas non plus vivre en ne nous souvenant de rien. Il faut donc trouver ce subtil équilibre entre être un héritier, avoir reçu quelque chose et s'en souvenir, et devenir capable d'être un pionnier, de changer les choses, d'innover. Pour innover, bien souvent, il faut un peu oublier.

Qu'est-ce que c'est un rabbin ?

D H : Cela veut dire enseignant, quelqu'un qui peut enseigner à sa communauté, aux gens autour de lui. Le métier de rabbin ne comporte pas que de l'enseignement mais aussi de l'accompagnement. Être rabbin veut dire accompagner des gens à des moments très particuliers de leur vie, un mariage, un deuil, une disparition, une maladie, une naissance.

J'ai appris qu'il existait des femmes imams. Peut-on imaginer un jour des femmes prêtres, qu'on appellerait peut-être des prêtresses ?

D H : C'est envisageable mais ce n'est pas dans les priorités du Vatican puisque le pape a dit qu'ordonner des femmes n'était pas à l'ordre du jour au sein du monde catholique. Il a pourtant existé des femmes ordonnées dans le monde catholique mais pas de façon officielle. Quelques années s'écouleront encore avant qu'elles soient officiellement reconnues par les autorités de la chrétienté et par Rome. Les enfants dans la salle le verront peut-être. Nous ne savons pas à quelle vitesse ces changements peuvent s'opérer. J'ai eu la chance de discuter l'année dernière à Copenhague avec une femme imam[1]. Il n'en existe pas en France à ma connaissance mais elles sont quelques unes en Europe dont cette femme au Danemark, Sherin Khankan, qui est imam dans une mosquée. Au sein du monde musulman certains manifestent des réticences très importantes à l'égard de l'idée d'un imamat féminin, mais cela existe quand même et aux États-Unis aussi.

Question : J'élève mes filles en essayant de leur dire que tout est possible pour elles

1. Aujourd'hui, la France a bien une imame : Kahina Bahloul, première femme imam dans notre pays.

malgré le poids du patriarcat, mais que pouvons-nous leur dire de ce qu'est être une femme sans tomber dans l'idée de la femme intérieure, celle qui accueille, face à l'homme qui serait davantage tourné vers l'extérieur ? Que reste-t-il du féminin une fois que nous arrivons à conquérir cette égalité ?

D H : Cette question est très importante. Souvent quand les gens savent que je suis femme et rabbin, ils me demandent ce que cela change dans la façon dont j'exerce ma fonction. Ils attendent une réponse qui est du domaine du cliché, c'est-à-dire quelque chose qui est tellement attendu qu'en fait ce n'est pas la vérité. Le cliché consiste à dire qu'une femme écoute mieux, est plus douce, a plus d'empathie mais vous savez que ce n'est pas vrai car vous avez sans doute croisé des filles beaucoup moins douces que certains garçons ou beaucoup plus belliqueuses, qui avaient envie de se battre. Ce sont des clichés de genre. Je pense que quand on parle du féminin il faut toujours faire très attention à ces clichés et rendre le débat beaucoup plus complexe. En tant que rabbin j'arrive avec mon expérience de femme mais il m'arrive parfois d'être très masculine dans la façon dont j'exerce ma fonction rabbinique. S'il faut employer ces clichés de genre de façon très schématique, le féminin est souvent le genre d'une certaine douceur ou passivité alors que le masculin est associé à une autonomie, à une certaine puissance du discours. Or que nous soyons homme ou femme il me semble que nous sommes capables d'exercer par moments des éléments masculins et des éléments féminins de notre identité. Il est important pour moi de le mettre en avant. Les femmes ont quelque chose de très particulier à apporter dans la pensée et le discours religieux car elles ont une conscience qui n'est pas essentielle mais existentielle. Cela veut dire que ce n'est pas parce que je suis née femme que quelque chose en moi me permet d'apporter un élément différent dans la fonction rabbinique.

Mais je crois que la femme est dotée d'une conscience particulière car de par son histoire, les récits dont elle est l'héritière, elle sait ce que cela veut dire d'être un outsider du récit, d'avoir été laissée à la périphérie et un peu muette dans l'histoire, restreinte à l'intériorité, au château, à la maternité. Nous sommes capables de faire parler tout cela dans le texte ou dans la société. Quand des femmes arrivent avec cette expérience à des fonctions de leader politique, ou en tout cas religieux, tout à coup c'est tout le système qui est prêt à entendre différemment ces voix qui ont longtemps été muettes. Tout le système est alors prêt à s'engager dans des lectures différentes des textes. De façon très concrète, je constate que quand des hommes et des femmes lisent les textes ensemble, ces textes ne sont pas lus de la même manière. Et ce pas seulement par la voix des femmes. Les hommes qui lisent les textes, parce que des femmes lisent avec eux, ne lisent plus de la même manière. La lecture est différente parce que quelque chose du féminin est libéré et les femmes ne sont pas propriétaires de ce féminin. Il s'exprime parfois par la voix des hommes. Cette idée est compliquée mais elle correspond vraiment à mon ressenti.

Merci beaucoup pour cette conférence et cette vision du judaïsme. Existe-t-il des femmes rabbins en Israël ?

D H : Oui, elles sont très nombreuses maintenant. Il en existe quelques-unes dans le mouvement orthodoxe plus traditionaliste, mais ce sont surtout des femmes qui évoluent au sein des mouvances plus progressistes du judaïsme. Il en existe maintenant plusieurs dizaines.

Ma deuxième question est plus polémique. J'adhère et je suis très touché d'entendre ce discours sur l'égalité entre les hommes et les femmes, la misogynie mais, qu'on le veuille ou non, les trois monothéismes ont quand même transmis des valeurs plutôt assez misogynes. Vous me

répondrez que cela est le cas de presque toutes les institutions et de toutes les pensées. Je suis violoniste et il existe une phrase dans ma profession qui dit que tous les violonistes jouent faux mais que certains exagèrent. C'est un peu la même chose pour la religion. La plupart des modes de pensée sont misogynes mais les religions ont un peu exagéré dans ce domaine. Je ne peux donc pas m'empêcher de me demander si ce combat à l'intérieur de la religion n'est pas perdu d'avance. Est-ce à l'intérieur de la religion que nous pouvons le mener et n'est-il pas un peu don quichottesque ?

D H : Je ne pourrai vous répondre que dans quelques années. Ce combat me semble extrêmement difficile. Il existe toujours des personnes qui nient la misogynie du texte en mettant en avant les héroïnes, les matriarches, mais ce discours est malhonnête. De fait, ces systèmes religieux sont les héritiers de mondes où le patriarcat et la misogynie sont très forts. Mais, encore une fois, que faisons-nous de cet héritage ?

Quand j'étudie les textes je suis de plus en plus convaincue qu'en creusant nous y trouvons toutes les graines pour leur faire dire autre chose. Il s'agit pour moi d'une question de responsabilité de lecteur. Quelle est ma responsabilité de lecteur ? Si j'ai la possibilité de faire fleurir dans le texte ces graines qui nous invitent à y lire autre chose, alors je considère que je ne suis pas en mesure de me défausser de cette responsabilité.

L'office peut-il être présidé par plusieurs rabbins ?

D H : Oui, ils sont souvent plusieurs. Dans la synagogue où j'officie, nous sommes un homme et une femme, et nous menons souvent l'office ensemble. Les gens qui fréquentent ma synagogue ont l'habitude d'entendre tour à tour un rabbin homme et un rabbin femme. Ainsi nous modelons la possibilité du féminin et du masculin dans le leadership de la prière.

Pour rebondir sur la question qui demandait si ce combat n'était pas perdu d'avance, et si les femmes rabbins n'étaient pas des Don Quichotte, je me rends compte que dans la communauté juive, que ce soit les croyants ou les non croyants, de plus en plus de personnes viennent fréquenter les communautés dites libérales. En termes de nombre, en France, ou du moins à Paris, il existe une dynamique et il se passe quelque chose. Je me fais cette réflexion au quotidien.

Collection
« Les petites conférences »
dirigée par Gilberte Tsaï

Le fini et l'infini
Alain Badiou

Les cinq sens
Jean-Christophe Bailly

Couler de source
Jean-Christophe Bailly

La magie du livre
Jean-Christophe Bailly

Trous noirs et espace-temps
Aurélien Barrau

La poésie, c'est autre chose
Jacques Bonnaffé

Comment se révolter ?
Patrick Boucheron

Plus d'une langue
Barbara Cassin

Être Achille ou Ulysse ?
Pierre Judet de la Combe

Diversité des natures,
diversité des cultures
Philippe Descola

Quelle émotion ! Quelle émotion ?
Georges Didi-Huberman

La leçon des oies sauvages
Élisabeth de Fontenay

Le radeau des cimes
Francis Hallé

La vie des arbres
Francis Hallé

La différence des sexes
Françoise Héritier

Le temps (qui passe ?)
Étienne Klein

Un monde d'odeurs
Mathilde Laurent

Les couleurs du ciel
Jean-Marc Lévy-Leblond

Partir – Le départ
Jean-Luc Nancy

Tu vas obéir !
Jean-Luc Nancy

Vous désirez ?
Jean-Luc Nancy

L'avenir de la vie sur Terre
Hubert Reeves

Prêter l'oreille
Peter Szendy

La monnaie, pourquoi ?
Jean-Claude Trichet

La terre est une marmite
Ryoko Sekiguchi

Composition et mise en pages
Nord Compo à Villeneuve-d'Ascq

Achevé d'imprimer en juin 2020 en Italie par La Tipografica Varese
Dépôt légal : février 2020